O Pai-Nosso
MISERICORDIOSO

Pe. ANTONIO CLAYTON SANT'ANNA, C.Ss.R.

MISERICORDIOSO

EDITORA
SANTUÁRIO

DIREÇÃO EDITORIAL: Pe. Fábio Evaristo R. Silva, C.Ss.R.
COORDENAÇÃO EDITORIAL: Ana Lúcia de Castro Leite
COPIDESQUE: Luana Galvão
REVISÃO: Cristina Nunes
DIAGRAMAÇÃO E CAPA: Mauricio Pereira

Dados Internacionais de Catalogação na Publicação (CIP)
(Câmara Brasileira do Livro, SP, Brasil)

Sant'Anna, Antonio Clayton
  O Pai-nosso misericordioso / Antonio Clayton Sant'Anna. – Aparecida, SP: Editora Santuário, 2017.

  ISBN 978-85-369-0470-2

  1. Pai-Nosso 2. Pai-Nosso – Meditações I. Título.

16-08315   CDD-226.96077

Índices para catálogo sistemático:

  1. Meditações: Pai-nosso: Cristianismo 226.96077
  2. Pai-nosso: Meditações: Cristianismo 226.96077

2ª impressão

Todos os direitos reservados à EDITORA SANTUÁRIO – 2018

Rua Pe. Claro Monteiro, 342 – 12570-000 – Aparecida-SP
Tel: 12 3104-2000 – Televendas: 0800 - 16 00 04
www.editorasantuario.com.br
vendas@editorasantuario.com.br

Sumário

Introdução 7

1. "Pai-nosso": O Deus de Jesus Cristo!............11
2. O "Abbá", que está no céu..........................17
3. Santificado seja o vosso nome! 25
4. Venha a nós o vosso reino!..........................29
5. Seja feita a vossa vontade... 35
6. O pão nosso de cada dia nos dai hoje!.........41
7. Perdoai nossas ofensas
como nós perdoamos....................................47
8. Não nos deixeis cair em tentação 53
9. Mas livrai-nos do mal! 59
10. O "Amém" do Pai-nosso 65

Referências 69

Introdução

As reflexões sobre o Pai-nosso neste livreto não visam apresentar de modo acadêmico algo ainda não dito. Sendo a "mais perfeita das orações", na opinião de São Tomás de Aquino[1], a espiritualidade nela contida é como um garimpo a céu aberto à lavra dos escritores, biblistas, teólogos, estudiosos, espiritualistas antigos e novos. Cada qual encontra suas pedras preciosas e com elas enriquecem o acervo do tema. Por outro lado, como oração-síntese de todo o Evangelho, o Pai-nosso é o horizonte maravilhosamente espraiado, em que louvores e súplicas nos aproximam do abismo infinito da *misericórdia de Deus*.

Citado como Oração do Senhor, ou Oração Dominical, ou Doutrina dos Apóstolos, está no Evangelho em duas versões diferenciadas, a de Mateus e

---

[1] CATECISMO DA IGREJA CATÓLICA. Petrópolis: Vozes; São Paulo: Paulinas, Loyola, Ave-Maria, 1993, n. 2763.

a de Lucas. Ambos sem dúvida transmitindo tradições fontais e o quadro teologal dos autores.

Das sete petições do Pai-nosso, três se referem à primazia de Deus e de seu Reino sobre nós. São laudatórias. E as quatro ulteriores expõem as precisões humanas básicas: alimento, paz, sustento do espírito, libertação do mal e do pecado. São suplicantes. A formulação do louvor e da súplica aprofunda-se nas raízes do judaísmo, que alimentavam também a alma orante de Jesus de Nazaré, sem os acentos do nacionalismo judaico. O coração e os lábios do Mestre pronunciaram e ensinaram no Pai-nosso a síntese de toda a sua mensagem e sua expressão mais pura, inseparável do Sermão da Montanha e das Bem-aventuranças.

A *Didaqué*, catecismo em uso nas comunidades primitivas, datado entre 50 e 70 d.C., orientava a rezar o Pai-nosso três vezes ao dia. Substituía-se a récita diária do Decálogo, o *Shemá Israel* (*Escuta, Israel*; cf. Dt 6,4-9). Se invocar a Deus como Pai não era uma novidade no modo de rezar, Jesus introduziu na linguagem e postura orante diante de Deus o tratamento familiar e afetivo *Abbá*, mais próprio, talvez, do carinhoso trato infantil. Foi uma temerária ousadia no contexto cultural da época. Mas sentimos nisso sua relação íntima com o Pai e a consciência da proximidade do Reino. Possa esta leitura, integrando as invocações da Oração do Senhor, permitir-nos rezar com Ele e como Ele ao Pai, que é rico em misericórdia.

1
"Pai-nosso":
O Deus de Jesus Cristo!

Em todos os tempos o coração humano quis e continua querendo saber: quem é Deus? Com que nome defini-lo? Porém só Deus define a si mesmo. Moisés pastoreava o rebanho na solidão do Horeb ou Sinai (montanha de Deus). Fugindo do Egito e da ira do Faraó, ele estava atento a tudo o que ocorria a seu redor. Admirou-se ao ver um espinheiro seco ardendo em chamas sem-fim. Na solidão das alturas, aquele fenômeno sinalizou para ele o encontro com um Deus libertador, que "descia do céu" (Êx 3,8) sem ser visível, e o enviava como seu mensageiro e agente da libertação do povo oprimido no Egito.

Mas, se era perigoso a um fugitivo retornar aos egípcios, perigo maior passaria diante do descrédito dos hebreus ao lhes falar sobre o acontecido e a visão de Deus. Eles lhe perguntariam o nome (a definição) dele! O que dizer? Foi instruído a responder: O *Eu sou*, mandou-me a vocês! (Êx 3,14). O *Eu sou*, é! Nenhuma ciência o define, pois, sendo objeto de perguntas para todas, a todas transcende em seu mistério. A cultura patriarcal bíblica mostrava-se reticente até em pronunciar a palavra "Deus" (Javé). Preferia dizer: Adonai (meu Senhor). Nos episódios da Aliança, Deus se manifesta como aliado poderoso, protetor e parceiro fiel de seu povo. O Antigo Testamento raramente o invoca como Pai! Ora, no "Pai-nosso" está a síntese do pensamento de Jesus sobre Deus. Ele é o Pai, sim, que só o Filho revela: *Eu e o Pai somos um!* (Jo 10,30). "Pai, revelei teu nome aos homens" (Jo 17,5-6). E para o Papa Francisco, a novidade que Jesus revela ao chamar Deus de Pai é a revelação máxima de que seu nome é Misericórdia.

Na "plenitude do tempo" (Gl 4,4), quando tudo estava pronto segundo seu plano de salvação,

(Deus) mandou seu Filho, nascido da Virgem Maria, para nos revelar, de modo definitivo, seu amor. Quem o vê vê o Pai (cf. Jo 14,9). Com sua palavra, seus gestos e toda a sua pessoa, Jesus de Nazaré revela a misericórdia de Deus[2].

Para entendermos o invocativo *Pai-nosso* na oração ensinada por Jesus, precisamos ultrapassar o simbolismo desse conceito nas religiões. No contexto bíblico, essa oração expressa o núcleo da pregação de Jesus sobre o Reino de Deus e nos faz entrar em comunhão com Ele. Por isso rezar o Pai-nosso é antes adoração e depois imploração. Na catequese cristã, Moisés, mediador da Primeira Aliança de Deus com o povo da Bíblia, prefigurava Jesus que viria estabelecer uma Nova Aliança com seu sangue derramado na cruz. No Calvário, realizou-se a verdadeira libertação já *prefigurada* na missão de Moisés. Jesus mesmo explicou a Nicodemos: "As-

---

[2] Papa Francisco. *Misericordiae Vultus*: O Rosto da Misericórdia. Bula de Proclamação do Jubileu Extraordinário da Misericórdia. São Paulo: Paulinas, 2015, Art. 1, p. 3.

sim como Moisés levantou a serpente no deserto, assim é necessário que o Filho do Homem seja levantado, a fim de que todo aquele que crê tenha por meio dele a vida eterna" (Jo 3,14). Por isso, na montanha do Tabor, Jesus se transfigurou ladeado pelos representantes da Lei e dos Profetas: Moisés e Elias. Eles testemunharam sua condição divina. No Sermão da montanha (que evoca o Sinai), Jesus promulga a nova lei: as bem-aventuranças.

Anúncio máximo da Boa-Nova, elas têm seu resumo no Pai-nosso. Nas bem-aventuranças e nos pedidos do Pai-nosso, podemos todos nos aproximar de Deus sem temor, ao contrário do modo como os pagãos rezavam, pois; "a missão, que Jesus recebeu do Pai, foi a de revelar o mistério do amor divino em sua plenitude. "Deus é amor" (1Jo 4,8.16): afirma-o, pela primeira e única vez em toda a Escritura, o evangelista João"[3]. Só a partir da re-

---

[3] PAPA FRANCISCO. *Misericordiae Vultus*: O Rosto da Misericórdia. Bula de Proclamação do Jubileu Extraordinário da Misericórdia. São Paulo: Paulinas, 2015, Art. 8, p. 11.

lação pessoal de Jesus – rosto humano do divino e rosto divino do humano –, Deus[4] nos é revelado como o Pai-nosso, o Pai misericordioso, "que faz nascer o sol para os maus e os bons e faz cair a chuva sobre os justos e os injustos" (Mt 5,45).

---

[4] João Paulo II. *Exortação Apostólica Ecclesia in America*. Cidade do México, 22 de janeiro de 1999.

2
O "Abbá", que está no céu...

Impossível acercar-se de Deus sem oração. Rezar é respirar *com Ele* a vida do Espírito! Participar de sua natureza sobrenatural. Educados na cultura do Antigo Testamento, os apóstolos e discípulos de Jesus herdaram as barreiras de uma relação mais servil que filial. Deus lhes era distante: era o Senhor, o aliado todo-poderoso, o Deus da Lei, do sábado. Mas, presenciando as atitudes orantes do Mestre, viram transparecer nelas uma profunda e cativante intimidade. Impressionados pediram: "Ensina-nos a rezar!" (Lc 11,1). O Mestre disse-lhes para rezar assim: "Pai nosso, que estais nos céus..." (Mt 6,9). O alicerce do Pai-nosso é essa invocação inicial, e não as sete petições.

Há duas versões evangélicas da oração do Pai-nosso, uma de São Lucas e a outra de São Mateus. O teólogo Leonardo Boff mostra a diferença do enfoque nas duas versões. Lucas escreve o essencial de forma breve, já Mateus é mais litúrgico, desdobra mais a oração. No entanto, ambas mostram um Deus-Pai, que vê as necessidades humanas e realiza, na história, seu Reino e sua vontade. De modo que, na invocação inicial, percebemos que Lucas transmite "o que" devemos rezar, e Mateus transmite o "como" devemos fazer.

> A versão de Lucas nos faz entrever como surgiu o Pai-nosso: "Achando-se Jesus a rezar em um certo lugar, disse-lhe um dos discípulos quando ele acabou: 'Senhor, ensina-nos a rezar como João ensinou a seus discípulos'. Disse-lhes ele então: 'Quando rezardes dizei: Pai...'" (Lc 11,1-2). A pergunta "ensina-nos a rezar" equivalia a: "dê-nos o resumo de tua mensagem"; sabemos que cada grupo do

> tempo de Jesus se distinguia por uma forma própria de rezar. A oração tinha a função de uma espécie de credo, que conferia unidade e identidade ao grupo.
>
> A versão de Mateus define melhor o significado do Pai-nosso como a forma de oração que Jesus quer, à distinção de outras maneiras de fazê-lo, inserida dentro de outras práticas de piedade: a esmola (Mt 6,1-4) e o jejum (Mt 6,16-18). Se considerarmos a estrutura do pai-nosso, notamos, imediatamente, dois movimentos que se cruzam. Um se ergue para o céu: o Pai, sua santidade, seu Reino, sua vontade; e outro se dobra para a terra: o pão, o perdão, a tentação, o mal. Ao céu fazemos votos; à terra, pedidos[5].

Por isso, sem envolver-nos no mistério da paternidade divina, a lista dos pedidos é vã. Apenas se tivermos a profunda consciência de nossa adoção filial pelo Espírito de Deus, ser-

---

[5] BOFF, LEONARDO. *O Pai-Nosso:* a oração da libertação integral. Petrópolis: Vozes, 1982, p. 30-31.

-nos-á dado o "poder" de entrar em seu mistério e chamá-lo: ó Pai! E nos aproximaremos confiantes, na certeza de ser por Ele amados. Da figura autoritária patriarcal do pai, segundo a cultura judaica antiga, Jesus levou os apóstolos e hoje a nós para a ternura, o afeto, o amor do *Pai-Deus*. Adquirimos a *liberdade dos filhos de Deus* (Gl 4,6) para rezar. Por isso, São Paulo escreveu: *"Deus enviou para nossos corações o Espírito de seu Filho, que clama: 'Abbá' papai"* (Gl 4,6). Um grito de ternura filial!

Em Jesus, o primogênito dos irmãos, Deus se nos revelou como *papai-querido*: o Abbá. "Ninguém conhece o Pai senão o Filho" (Mt 11,27). Identificados com Ele, por meio do batismo, nascemos de Deus (1Jo 5,1), recebendo a filiação adotiva que nos faz irmãos. Assim, elucida o padre Bernhard Häring, famoso teólogo da Moral:

> A nossa oração é sempre relacionada com nosso batismo. E este, por sua vez, deve ser compreendido à luz do batismo de Jesus. O batismo de Jesus no Jordão forma um todo com seu batismo no Espírito Santo e o batismo em seu sangue. (...) Quer façamos o sinal da cruz, quer recitemos o Pai-nosso, sempre o fazemos em vista do batismo de Jesus e em comunhão com ele, por força de nosso batismo em nome de Deus Trino. Ousamos dizer a inaudita e ousada invocação "Abba, Abbuni", Pai, pai-nosso, porque nos sabemos unidos a Jesus e agraciados e santificados com o seu Espírito[6].

Portanto, o "Pai-nosso" não é bem uma *fórmula de oração*. Nele fica explícita a originalidade da relação de Jesus com um Deus-Pai (Abbá). Tratar Deus assim foi característico de Jesus e uma novidade temerária na cultura da época. Abbá era palavra usada no ambiente

---

[6] HÄRING, Bernhard. *Comentário ao Pai-nosso*. Aparecida, SP: Santuário, 1998, p. 15.

familiar. Um diminutivo carinhoso, que corresponderia hoje a nosso "papai", ou "paizinho". Mostra simplicidade interior, confiança infantil e carinho nas relações. Chamar a Deus desse modo familiar era impensável ousadia em aproximar-se do "inominável".

Ora, Jesus usa 170 vezes[7] o termo aramaico *abbá*, traduzido como *pater* em grego. Temos aí o âmago da relação de Jesus com Deus. Numerosas passagens no Evangelho comprovam o clima de oração em que Ele vivia. Chegava a passar noites inteiras rezando (Lc 6,12). Em momentos decisivos e de agonia, como no Getsêmani, a

---

[7] "A ninguém (religiosidade judaica) passava pela cabeça empregar esta expressão familiar (Abba) e banal a Deus. Seria quebrar o sentido de respeito para com Javé e escandalizar os piedosos. E, contudo, Jesus, em todas as orações que chegaram até nós, dirige-se a Deus com esta expressão *Paizinho Querido* (Abba). São 170 vezes que essa expressão é colocada pelos Evangelhos na boca de Jesus (4 vezes em Marcos, 15 em Lucas, 42 em Mateus e 109 em João). E o Novo Testamento conserva a expressão aramaica 'Abba' para guardar o acontecimento insólito da ousadia de Jesus (Rm 8,15; Gl 4,6)". BOFF, Leonardo. *O Pai-Nosso*: a oração da libertação integral. Petrópolis: Vozes, 1982, p. 40.

oração era seu único conforto (Mc 14,35-36). As comunidades cristãs repensaram a forma e o conteúdo das orações a partir do ensino, das atitudes e conceitos de Jesus. O Pai-nosso é a expressão maior de tudo isso, pois ensina-nos a sermos misericordiosos como o Pai. Diz o Papa Francisco:

> O evangelista refere o ensinamento de Jesus, que diz: "Sede misericordiosos, como o vosso Pai é misericordioso" (Lc 6,36). É um programa de vida tão empenhador como rico de alegria e paz. O imperativo de Jesus é dirigido a quantos ouvem sua voz (cf. Lc 6,27). Portanto, para sermos capazes de misericórdia, devemos primeiro pôr-nos à escuta da Palavra de Deus[8].

---

[8] PAPA FRANCISCO. *Misericordiae Vultus*: O Rosto da Misericórdia. Bula de Proclamação do Jubileu Extraordinário da Misericórdia. São Paulo: Paulinas, 2015, Art. 13, p. 19.

3
Santificado seja o vosso nome!

Eis o primeiro e o mais urgente dos sete pedidos do Pai-nosso! Expressa um desejo de "aliança" íntima e social com Deus e enlaça os outros seis. A santidade é o atributo divino por excelência segundo a revelação bíblica, a reflexão teológica, a tradição e a doutrina constante da Igreja. Só Deus é santo! Seu povo escolhido deve viver o que Deus é: "Sede santos porque eu, Javé vosso Deus, sou santo" (Lv 19,2). *Atributo* é a propriedade inerente ao ser divino acessível a nosso conhecimento. Os atributos de Deus são *predicativos* que constituem sua essência (eterno, infinito, onipotente etc.), ou sua vontade (santidade, perfeição, justiça etc).

Aos atributos corresponde *o tributo*. Tributo nesse caso é o primeiro ato religioso de quem chega à aliança com a soberania de Deus (Antigo Testamento). "Tributai a Javé, ó famílias dos povos, glória e poder tributai a Javé, dai a Javé a glória devida a seu nome" (Sl 96,7).

No Novo Testamento, o *tributo* ao nome (a pessoa) de Deus é a comunhão filial com o Pai (Abbá) através do Espírito de Cristo. A petição inicial do Pai-nosso explicita o maior desejo do filho vendo-se amado por um pai tão justo e bom como é Deus: que Ele seja conhecido, amado, adorado, louvado no mundo inteiro. "Nós vos louvamos, bendizemos, adoramos, glorificamos, damos graças por vossa imensa glória". Logo: santificado seja o vosso nome! Deus se revelou em Jesus Cristo, o ungido, o consagrado, o santo, e também por ele nos comunicou o Espírito (*o hálito*) de sua vida. E ao mesmo tempo nos convida a propagar a todos aquilo que Ele é. O convite divino recebe nossa adesão quando lhe dizemos: santificado seja o vosso nome, ó Pai querido! Ao rezar assim, no mais íntimo de nós, mergulhamos no mistério de Deus e reconhecemos nossa profunda indigência espiritual perante Ele. O encontro com Jesus na fé nos *personifica* em sua condição filial; com Ele ultrapassamos o abismo do nosso eu e nossa vida se enraíza "no nome" (no ser de Deus mesmo) e se torna *missionária* dele!

O nome, locução própria da língua judaica, substitui a pessoa, o próprio ser[9]. Deus é o que seu nome realiza em nós. Se Ele nos santifica é porque em seu ser está a fonte infinita de santidade. Se o Pai não for santificado (respeitado, honrado, glorificado) em nós e por nós (filhos) perante o mundo, não faremos visíveis aos outros a *imagem e semelhança* que

---

[9] "(...) o nome, biblicamente, designa a pessoa, define sua natureza íntima. Conhecer o nome de alguém é conhecê-lo simplesmente (Nm 1,2-42; Ap 3,4;11-34)". BOFF, Leonardo. *O Pai-Nosso*: a oração da libertação integral. Petrópolis: Vozes, 1982, p. 60.

dele somos. Tudo na Igreja católica é feito *em nome* de Jesus Cristo. Isso é bíblico, é patrístico, é exegético, é teologal e devocional. Nele a glória de Deus quer refulgir em nós e encantar os outros na construção de um mundo digno, justo, abençoado e santificado. Por Ele lavados e santificados (1Cor 6,11), com Ele e nele rezamos: no Pai-nosso participamos da relação íntima e pessoal de Jesus com um Deus, que é Abbá (papai)! "A primeira verdade da Igreja é o amor de Cristo. E deste amor, que vai até o perdão e o dom de si mesmo, a Igreja faz-se serva e mediadora junto dos homens. Por isso, onde a Igreja estiver presente, aí deve ser evidente a misericórdia do Pai"[10].

---

[10] PAPA FRANCISCO. *Misericordiae Vultus:* O Rosto da Misericórdia. Bula de Proclamação do Jubileu Extraordinário da Misericórdia. São Paulo: Paulinas, 2015, Art. 12, p. 18.

4
Venha a nós o vosso reino!

A invocação e os sete pedidos do Pai-nosso resumem o Evangelho, condensam a pregação de Jesus sobre nossa relação com Deus e entre nós guiando-nos na fé e na vida. Os três primeiros pedidos movem a filiação divina adotiva, recebida no batismo em Cristo ressuscitado, a inserir-nos no projeto de Deus para toda a humanidade: vosso **Nome**, vosso **Reino**, vossa **Vontade**. Os quatro seguintes abrangem o sustento da vida na carne (pão) e no espírito (cura do pecado). Nessa oração universal das religiões cristãs, o possessivo "nosso" já irmana os discípulos de Jesus na unidade com Ele, por Ele e nele. Superado o individualismo, queremos que haja "um só coração e uma só alma" (At 4,32) na comunhão dos homens com Deus, o **abbá**, o papai querido da relação íntima de Jesus. Na súplica "santificado seja o vosso nome", já pedimos que a santidade de Deus esteja em todo o nosso modo de viver. Ele nos consagrou para o serviço de sua glória. Por isso o segundo pedido, "venha a nós o vosso reino", é como "pôr mãos à obra".

Reino de Deus ou dos céus é a palavra-chave da pregação de Jesus. Ele indicou nas bem-aventuranças seu código básico. Elas começam e terminam com a promessa da posse do Reino de Deus já na terra: *deles é o reino dos céus!* Esse não consiste nas leis de conduta religiosa, na prática fiel e observante de culto, no domínio territorial ou político, no poderio econômico, em ideologias de esquerda ou direita, em um projeto ou qualquer aparato de poder social. Trata-se da substância, o alicerce da vida, da história, do mundo. Soberania e paternidade de Deus são como que palavras sinônimas no linguajar bíblico. Portanto os filhos de Deus e discípulos de seu reino são: luz do mundo, sal da terra, agentes das boas obras, que glorificam o Pai perante os outros. O pedido-desejo-anseio-empenho, para que *venha a nós o vosso reino*, afasta-nos de outros reinados. Devem sair da convivência: pecado, injustiça, exploração, maldades humanas.

Se Deus é descartado e trocado pelo poder, dinheiro, partido político, não se estabelecerá a paz em nenhum lugar do mundo. Prevalecerão privilégios de classe, prepotência, ambições, interesses corporativos, e não as atitudes fraternas de serviço conforme o amor do lava-pés. Aí entramos no *antirreino*. Por isso o Papa Francisco convida à conversão:

> Em nome do Filho de Deus, que, embora combatendo o pecado, nunca rejeitou qual-

quer pecador, não caiais na terrível cilada de pensar que a vida depende do dinheiro e que, à vista dele, tudo o mais se torna desprovido de valor e dignidade. Não passa de uma ilusão. Não levamos o dinheiro conosco para o além. O dinheiro não nos dá a verdadeira felicidade. A violência usada para acumular dinheiro que transuda sangue não nos torna poderosos nem imortais. Para todos, mais cedo ou mais tarde, vem o juízo de Deus, do qual ninguém pode escapar[11].

Para evitar a incoerência frustrante de rezar o Pai-nosso sem a consciência viva de que o Pai nos reúne como irmãos na mesma dignidade e com os mesmos direitos humanos de cidadania e moral, só há um caminho: o da conversão no amor. O Reino dele vem até nós enquanto vamos mudando a mentalidade, a escala de valores, a busca fiel da justiça, a re-

---

[11] PAPA FRANCISCO. *Misericordiae Vultus:* O Rosto da Misericórdia. Bula de Proclamação do Jubileu Extraordinário da Misericórdia. São Paulo: Paulinas, 2015, Art. 19, p. 29.

jeição de todo esquema de corrupção política, fraude, abuso de poder etc. Ele está próximo! Todas as situações do convívio social podem abrir-nos a chance real da invocação "venha a nós o vosso Reino!"

5
Seja feita a vossa vontade...

Santificar o nome é deixar-se invadir por Deus em uma relação filial carinhosa. *Desejar seu reinado* é colocar-se em sintonia e a serviço dele. O terceiro pedido do Pai-nosso explicita o modo como os dois anteriores se realizarão configurando nossa adesão ao projeto salvador de Deus. Pedimos que sua vontade de nos amar e salvar se cumpra em todos, pois o *Abbá (papai)* guarda os filhos na verdadeira vida e liberdade. Muitas vezes não sabemos ou não queremos pensar, desejar e escolher o que é bom, justo, e realizar o querer de Deus. Então, é preciso discernir as situações e opções para entregar-se confiante em suas mãos (Rm 12,2). No jardim do Getsêmani, em suprema angústia, Jesus rezava: "Abbá! Tudo vos é possível; afastai de mim este cálice. Mas não aconteça como eu quero, e, sim, como Vós quereis" (Mc 14,36). Na humanidade do Cristo compassivo, justo e fraterno, Deus se fez solidário em extremo com nosso sofrer. Ele não se compraz com sofrimento algum! Mas não pode anular em nós o dom da liberdade, pois destruiria sua fonte: o ato criador. Se usamos mal o dom da liberdade, são inevitáveis os abusos, as desgraças, as injustiças contra os outros, os prejuízos para nós mesmos. A vontade divina não é decisão arbitrária, mas apelo à máxima confiança no Abbá (paizinho), que, em sua providência e sabedoria, está atento às coisas mais insignificantes: os cabelos de nossa cabeça (Mt 10,30). Não cabe, portanto, no horizonte do Pai-nosso, o conceito de fatalidade ou destino inevitável atribuído a Deus.

Fazer a vontade de Deus significa não se conformar com as "vontades" do mundo. Isso não é ficar alheio aos problemas do tempo, fazer de conta que eles não nos afetam ou fugir da realidade. É saber acautelar-se para não cair nas redes de interesses e nas armadilhas das estruturas de pecado, que manipulam o gosto e as opções das pessoas. Isto é, não perder o *sentido do pecado*, a *consciência do pecado*, como o Papa Francisco relembra as palavras de Pio XII há mais de meio século[12].

É *cultivar a virtude do senso crítico* contra a fascinação que o mundo exerce com requintada esperteza, insistência e imagens sedutoras: a moda, propaganda, novidades, diversões, prazeres do consumo, recursos técnicos, sonhos de sucesso, modelos de comportamento autossuficientes etc. Tudo isso pode encobrir com o véu do esquecimento ou da indiferença a consciência do futuro no qual Deus será o juiz. Perder de vista o horizonte final é falsear o discernimento sobre a vontade de Deus: o que lhe agrada, o que é bom ou não.

---

[12] PAPA FRANCISCO. *O nome de Deus é Misericórdia*. São Paulo: Planeta do Brasil, 2016, p. 45.

Somente assim, o ser humano compreende os sinais da misericórdia de Deus, que permeiam os fatos e os projetos humanos e ajudam a renovar nosso modo de pensar as realidades e a não nos fechar em nós mesmos, a fazer-nos conscientes de nossas supostas grandezas e a reconhecer nossas limitações. Acrescenta o Papa Francisco:

> A fragilidade dos tempos em que vivemos é também esta: acreditar que não existe a possibilidade de redenção, alguém que nos dá a mão que nos levanta, um abraço que nos salva, perdoa, anima, que nos inunda de um amor infinito, paciente, indulgente; que nos coloca de novo nos trilhos[13].

Por isso a misericórdia de Deus sobre nossos pecados, fraquezas, limitações... abre-nos para o progresso, fazendo de nosso ser na car-

---

[13] PAPA FRANCISCO. *O nome de Deus é Misericórdia*. São Paulo: Planeta do Brasil, 2016. p. 46.

ne um culto espiritual, agradável ao Senhor da vida e da história.

6
O pão nosso de cada dia nos dai hoje!

Os discípulos um dia pediram a Jesus: ensina-nos a rezar! Pedido estranho, pois eles não ignoravam os Salmos e louvores da Bíblia. Certamente não pediram fórmulas. Tinham ficado impressionados com a intimidade orante do Mestre, tocados pelo modo familiar e carinhoso como Jesus falava com Deus tratando-o de *Abbá* (paizinho querido). Esse modo de Jesus falar com Deus já induzia à oração. Vimos que no Pai-nosso, após a invocação a Deus "que está no céu", os três primeiros pedidos se referem diretamente a Ele e só dele dependem, mas solicitam nossa colaboração. Na segunda parte rezamos para sermos responsáveis uns com os outros na busca de um mundo justo e fraterno. Assim, os quatro pedidos finais se resumem em quatro palavras simbólicas: *o pão, o perdão, a tentação, o mal.*

Quando os discípulos em outro dia insistiam para que o Mestre se alimentasse, Ele lhes falou de uma comida por excelência: "Eu tenho para comer um alimento que não conheceis: é fazer a vontade daquele que me enviou e completar sua obra" (Jo 4,32). Fazer a vontade de Deus inclui manter a vida pela alimentação, mas o pão de cada dia significa também se sustentar com a Palavra (não só de pão vive o homem!) e com o pão da Eucaristia, que garante a vida eterna. Enfim, pedir *dai-nos hoje* não se limita ao tempo de cada dia, mas abrange a vida inteira. Queremos alimentar já agora nosso "hoje diário" com o *pão do Reino*, o *pão do amanhã.* "Feliz quem comer o pão no Reino de Deus" (Lc 14,15). Por isso cremos e nos alimentamos da Eucaristia, comida supersubstancial, que sacia nossa fome de Deus.

Trata-se ainda do "pão nosso", porque a oração nos une em um só corpo em Cristo. Ele nos convida e reúne para realizar o projeto de Deus no mundo: santificar o Nome; desejar o Reino; fazer sua Vontade. Somos peregrinos a caminho do banquete do céu e, portanto, comensais irmanados na mesa comum, que restaura nossas forças terrenas. O *Pão nosso* simboliza a partilha fraterna de todos os bens da terra. Do contrário, eles seriam o "pão da discórdia", provocando lutas de vida ou morte como instrumento de exploração e divisão. É o que compreende o padre Lourenço Kearns, C.Ss.R., famoso pregador de retiros:

> Expressamos o necessário em nossa vida por meio do símbolo de "pão", que todos nós podemos entender. Sem pão há fome, e onde há fome há miséria, doença e violência. É uma oração contra qualquer tipo de

ganância. Ganância cria classes em nossas comunidades, a divisão triste entre os que têm e os que não têm nem o necessário para sobreviver. Ganância é deixar os outros sem o necessário para viver na dignidade. Então, pedimos a Deus que todos, e não somente nós, tenhamos o suficiente para viver na dignidade hoje e cada dia. Comida, moradia, propriedade, trabalho, salário justo, saúde, educação, está tudo incluído na simples expressão: "pão de cada dia"[14].

De fato, sem nossa união contra todo o tipo de mal, injustiça e pecado, nunca haverá progresso humano real: na ONU, nos programas de qualquer governo, no dia a dia. Não haverá "Brasil sem miséria". Por isso, rezando ao Pai comum em nome de Jesus, nós nos sentimos responsáveis pelas angústias dos outros. A fome é uma das maiores no mundo. O Papa Francisco, vindo ao Brasil, recordou-nos que

---

[14] KEARNS. Pe. Lourenço. *Oração cristã*: Caminho para a intimidade com Deus. Aparecida, SP: Editora Santuário, 2008, p. 168-169.

"no início do evento, que é Aparecida, está a busca dos pescadores pobres. Tanta fome e poucos recursos. As pessoas sempre precisam de pão. Os homens partem sempre de suas carências, mesmo hoje"[15].

---

[15] PAPA FRANCISCO. Discurso do Santo Padre. In: *Visita apostólica ao Brasil por ocasião da XXVIII jornada mundial da juventude*. Sábado, 27 de julho de 2013.

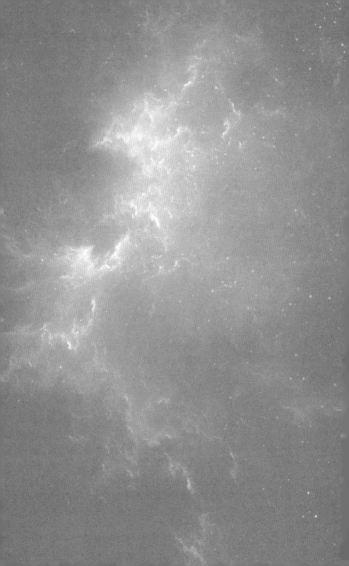

7
Perdoai nossas ofensas como nós perdoamos...

Dos sete pedidos do Pai-nosso, este é o que mais condiciona o efeito da oração. Tem duas partes: supõe um pacto entre o homem pecador suplicante e Deus misericordioso e justo. Uma espécie de *condição contratual.* Se ao pedir perdão a Ele não estivermos intencionalmente predispostos a perdoar os outros, nada feito. É como se impedíssemos Deus de nos atender, pois estaríamos anulando em nosso desfavor os méritos de Cristo. Intrigado com o ensino do Mestre, Pedro lhe perguntou: Quantas vezes devo perdoar quem me ofendeu? E generosamente sugeriu um número acima das três vezes do costume hebreu: até sete vezes?

A resposta de Jesus surpreendeu e ultrapassou qualquer limite: "Não apenas sete vezes, mas até setenta vezes sete" (Mt 18,21-22). Perdoar sempre! Deus quer nos perdoar sempre, mas não pode fazê-lo a quem não perdoa o outro.

> O Senhor Jesus indica as etapas da peregrinação, por meio das quais é possível atingir esta meta: "Não julgueis e não sereis julgados; não condeneis e não sereis condenados; perdoai e sereis perdoados. Dai e ser-vos-á dado: uma boa medida, cheia, recalcada, transbordante será lançada em vosso regaço. A medida que usardes com os outros será usada convosco (Lc 6,37-38)[16].

Expressiva a oração de São Francisco: é perdoando que se é perdoado! Mas e o sentimento da mágoa? É só obstáculo psicológico para a reconciliação. Pode passar com o tempo.

---

[16] Papa Francisco. *Misericordiae Vultus:* O Rosto da Misericórdia. Bula de Proclamação do Jubileu Extraordinário da Misericórdia. São Paulo: Paulinas, 2015, Art. 14, p. 20.

Superadas a dor da ofensa, a raiva, as emoções de início e inclusive a análise incorreta da ofensa alheia, ganha-se a liberdade interior. Fecha-se a ferida da mágoa, mesmo se ficar a memória obstinada do fato. Dizer no Pai-nosso: perdoai-nos como nós perdoamos, não é tanto deixar de sentir-se ofendido, mas é o desafio de rezar bem. Perdoar como Cristo é amar até ao extremo do amor.

Jesus ressuscitado incorporou a missão da Igreja a sua própria autoridade de perdoar pecados. Disse aos apóstolos: "os pecados daqueles que perdoardes serão perdoados; os dos que não perdoardes, não o serão!" (Jo 20,23). O Papa Francisco fala sobre a graça do perdão sacramental, que a Igreja recebeu de Cristo:

> Se você não for capaz de falar sobre seus erros com seu irmão, pode estar certo de que não será capaz de falar com Deus, e assim acabará por se confessar com o espelho, diante de si mesmo. Somos seres sociais, e o perdão tem

também um lado social, porque a humanidade, os meus irmãos e as minhas irmãs, a sociedade também são feridos pelo meu pecado[17].

Quando o pecado é perdoado, a vida divina é restaurada em nós. Um mundo onde não se perdoa é infeliz. Sofre todo tipo de violência, arrogância, vingança, terrorismo, orgulho do poder etc. Está sempre à beira do abismo: armas atômicas já armazenadas podem destruir-nos em um *clic*. Ora, os desvarios do homem vingativo, os ímpetos do coração enraivecido, o engenhoso arsenal de armas destrutivas modernizadas: tudo isso se esboroa diante da Palavra do manso cordeiro crucificado: "Pai, perdoai-lhes porque não sabem o que fazem" (Lc 23,34). Incompreensível parece-nos essa desculpa, mas ela revelava que o amor salvador e reconciliador de Deus é maior que todo o ódio. Em agonia na cruz e sob a sa-

---

[17] PAPA FRANCISCO. *O nome de Deus é Misericórdia*. São Paulo: Planeta do Brasil, 2016, p. 52.

raivada de insultos e impropérios dos chefes embriagados de ódio, Jesus foi muito além do limite de "setenta vezes sete", que ensinara a Pedro.

Se de fato temos a certeza de que Deus nos perdoa por Jesus, só nos resta assumir a cultura do perdão sendo agentes de reconciliação e da paz, em uma sociedade que violenta o valor e a dignidade da vida humana. Por exemplo: a cultura de morte pró-abortista, as chacinas e os linchamentos, isto é, "fazer a justiça com as próprias mãos", a corrupção político-econômica, que desencadeia desigualdades e injustiças sociais, a corrupção moral e espiritual, a qual nos leva a não nos sentirmos mais necessitados de perdão e de misericórdia, justificando a nós mesmos e a nossos comportamentos[18].

---

[18] PAPA FRANCISCO. *O nome de Deus é Misericórdia*. São Paulo: Planeta do Brasil, 2016, p. 117.

O perdão que Deus nos dá restitui não apenas a paz da consciência, mas pode ser remédio para a saúde, além da cura e libertação do mal, ainda que sejam muitos nossos pecados. Deus ressignifica a nossa vida e nos introduz novamente no mundo para sermos instrumentos e exemplos de sua misericórdia e compaixão a todos os que necessitam dessa chance, desse amor curador, libertador e salvífico. No jubileu extraordinário do Ano da Misericórdia, é forte a insistência do Papa Francisco no tema do perdão:

> "Voltemos ao Senhor. O Senhor jamais se cansa de perdoar: jamais! Somos nós que nos cansamos de lhe pedir perdão. Então, devemos pedir a graça de não nos cansarmos de pedir perdão, porque Ele jamais se cansa de perdoar"[19].

---

[19] PAPA FRANCISCO. *O nome de Deus é Misericórdia*. São Paulo: Planeta do Brasil, 2016, p. 18.

8
Não nos deixeis cair em tentação

Tentação difere de provação? Suportar provações é positivo: pode amadurecer e fortalecer alguém. Ceder às tentações é negativo, abre a porta para a corrupção. Elas devem ser evitadas e não banalizadas como se vê na mídia em geral, induzindo de tal modo as opiniões e os procedimentos ao ponto de as pessoas duvidarem do que é certo ou do que é errado. Além disso, na mesma e única pessoa humana, encontram-se propósitos opostos entre as duas realidades: o espírito e a carne. "A carne tem tendência contrária aos propósitos do espírito. E o espírito possui propósitos contrários à tendência da carne. Ambos são contrários um ao outro a ponto de não fazerdes o que quereis" (Gl 5,17)[20]. Mas é possível a reação positiva de resistência às ocasiões de pecado. As tentações nos tornam mais humildes quando descobrimos nossas fraquezas e mais gratos à ajuda de Deus. O beneditino D. Anselm Grün, conhecido autor de livros de espiritualidade, enfoca o papel da tentação a partir da prática dos monges antigos:

> Os antigos monges valorizavam a tentação como uma provação para as pessoas. "Assim como a tempestade obriga a árvore a enfiar suas raízes cada vez mais profundamente na terra, a tentação fortalece o monge em sua luta pelo bem." Orígenes diz a respeito da tentação: "A tentação também tem seu lado bom. Ninguém, a não ser Deus, sabe o que nossa alma recebeu de Deus, nem mesmo nós. Mas a tentação pode nos ensinar a nos conhecer, e assim descobrirmos nossas fra-

---

[20] BOFF, Leonardo. *O Pai-Nosso*: a oração da libertação integral. Petrópolis: Editora Vozes Ltda., 1982, p. 120.

quezas, e a nos obrigar a agradecer tudo de bom que a tentação nos revelou"[21].

São Tiago escreveu: "Cada um é tentado pela própria concupiscência que alicia e seduz" (Tg 1,12-14). "Quando interpretamos o pedido de Jesus no Pai-nosso com base na carta de Tiago, vemos que ele diz o seguinte: Devemos pedir a Deus que permaneça a nosso lado. Ele pode nos ajudar, para não sermos levados pela tentação de nossas cobiças e nossas exigências"[22].

São Paulo faz breve elenco de "obras da carne" que nos opõem às inspirações do Espírito: "imoralidade, impureza, libertinagem, idolatria, feitiçaria, ódios, brigas, ciúmes, cobiça, discórdias, divisões, invejas, bebedeiras, orgias e coisas semelhantes..." (Gl 5,20-21). São infindas as "coisas semelhantes" tentadoras.

---

[21] GRÜN, Anselm. *O Pai-Nosso*: Guia na fé e na vida. Aparecida, SP: Editora Santuário, 2011, p. 80-81.
[22] *Ibidem*, p. 80.

Jesus nos recomenda vigilância e nos propõe o discernimento orante. "Vigiai e rezai para não cairdes em tentação" (Mt 26,41). Caso contrário, desprezamos o segundo pedido do Pai-nosso: "Venha a nós o vosso Reino". E dele nos excluímos.

Como enfrentar tentações? Elas se aninham no coração egoísta e se oferecem no terreno movediço do egoísmo coletivo. Proibições, normas, restrições etc. podem não favorecer a tática espiritual de vigilância e oração dada por Jesus. Vantagem maior é cultivar o esforço virtuoso mediante o amor solidário, a bondade, o autodomínio, a paciência, sempre atentos aos convites interiores da Graça. Ela nos convida inúmeras vezes a ter a disposição do terceiro pedido do Pai-nosso: "Seja feita a vossa vontade". Centrados em nós, apegados a nossas inclinações carnais, deixamo-nos seduzir facilmente, entrando na onda do *"eu gosto"*, uma caraterística inebriante do consumismo atual. Fica tudo justificado nas relações com os outros quando o "gosto pessoal" determina as opções. Esse mecanismo social, que isola o "eu", contrapõe-se à prática fraterna proposta no quarto e quinto pedido: O pão *nosso* de cada dia nos dai hoje; perdoai-nos as *nossas* ofensas como perdoamos...

Contra os "arrastões" imorais da moderna sociedade de consumo, poder e prazer, o discípulo-missionário de Jesus vive em uma terra de exílio. Precisa "fortalecer as mãos enfraquecidas e firmar os joelhos vacilantes" (Is 35,3). A luta para escapar da teia de maldades e corrupção, que nos asfixia, é ingente e sem tréguas. Iniciando seu ministério, cheio de filial amor a Deus, o Abbá (papai), Jesus suportou provações/tentações no deserto. O Evangelho (Mt 4,1-11) faz um paralelismo entre Jesus e o povo hebreu liderado por Moisés no Êxodo. Provados, Moisés e o povo falharam. Jesus venceu, com jejum e oração. São Paulo escreve aos Hebreus: "Jesus, que sofreu a provação, é capaz de prestar socorro aos que são provados" (Hb 2,18).

9
Mas livrai-nos do mal!

É próprio da pessoa humana desejar e buscar o sumo bem! Qualquer *mal* é tal porque se opõe de algum modo ao sumo bem: Deus! Maldade, injustiças, pecados, vícios, corrupção, desgraças e outros conceitos afins veiculam o confronto entre o juízo da consciência moral e tudo o que agride o bem integral da pessoa. Iniquidade, malícia, perversidade, malvadeza... qualquer tipo de mal sempre se incrusta ou se infiltra nas relações, negócios, projetos políticos que visam subjugar ou subverter o coração humano. O "mal", do qual pedimos no Pai-nosso a libertação, não se restringe só ao maligno, aos anjos decaídos. Esses não possuem sequer o poder sobrenatural, nem *irradiam energias* superiores à vontade, pois a redenção de Cristo já nos libertou de toda fraqueza espiritual. Sua graça nos habilita e potencializa a vencermos o mal com o bem (Rm 12,17-21).

Buscada e cultivada, ela nos libertará das influências maléficas: tentações, seduções dos costumes e concupiscências. Se o espírito das trevas age com inteligência demoníaca (maldade refinada), o cristão pode esmerar-se no espírito de Cristo e no senso crítico. No emaranhado da experiência (individual e social), permeiam como joio no trigo: atitudes, hábitos, comportamentos, desejos perniciosos, omissões da vontade tentada e seduzida pelos sete pecados capitais ou vícios conhecidos como: soberba, avareza, luxúria, inveja, gula, ira, preguiça. São Pedro nos previne: *Sede sóbrios, ficai vigilantes. Vosso adversário, o diabo, fica rodeando como um leão a rugir, procurando a quem devorar* (1Pd 5,8).

Os vícios não são logo repugnantes; facilmente nos envolvem em suas malhas, costumes, modo de vida, hábitos de consumo e prazeres sensíveis. "A mulher viu que o fruto da árvore era bom para comer, atraente para os olhos e desejável para adquirir conhecimento; apanhou o fruto e o comeu; depois deu dele também ao marido, que estava com ela, e ele comeu!" (Gn 3,6). Nas propostas da sociedade de consumo, poder e prazer, circula a oferta útil ou atraente das "frutas do mal". A competição agressiva e sem ética, o "vale tudo", o "fermento de Herodes" corrompem a alegria do trabalho, da profissão, da convivência fraterna. Contaminam as boas opções, a honestidade, os ideais de nobreza e verdade no adulto, no jovem e na criança. Mas a meta do viver cristão é a "terra sem males". Temos o compromisso por uma sociedade justa e nos sentimos incapazes de realizá-lo, aturdidos por tantos desvarios. Por isso, quanto mais a maldade oprime a convivência, tanto mais insistentemente pedimos: livrai-nos, Senhor, do mal! Na cruz, toda a maldade humana se despejou na agonia de Cristo. E ele rezava: "Pai, perdoai-lhes, não sabem o que fazem". O Pai-nosso já é defesa e proteção contra qualquer mal. Cristo venceu o mundo (forças contrárias a Deus), venceu toda a maldade, venceu toda a profundidade que o mal pode adquirir no interior da vida humana, desfigurando-a da imagem e semelhança de seu Criador. Mas o Corpo e o Sangue de Jesus Cristo se tornaram, para nós cristãos, a salvação segura de todo o poder do mal. Comenta Anselm Grün:

> A própria oração do Pai-nosso deve ser uma proteção que nos preserva do poder do mal. Os patriarcas da Igreja relacionaram esse último pedido de Jesus Cristo, que, mais perto de nós, estará a nosso lado na tentação e nos livrará de todo mal. Pedro Crisólogo diz que: As tentações vêm do demônio, que é a causa e a fonte de todo mal... Portanto o ser humano deve correr para Deus e rezar 'livrai-nos

do mal', para que, finalmente, por meio de Cristo, o único vencedor, possamos ser libertados do mal[23].

Sendo assim, o último pedido é recurso que preserva nossa condição de imagem e semelhança de Deus, que, misericordiosamente, concede sua vitória sobre o mal a seus filhos e suas filhas.

---

[23] GRÜN, Anselm. *O Pai-Nosso*: Guia na fé e na vida. Aparecida, SP: Editora Santuário, 2011, p. 89.

10
O "Amém" do Pai-nosso

O Pai-nosso é a síntese do Evangelho. Essa oração expressa o núcleo da pregação de Jesus sobre o Reino de Deus. Mais que uma fórmula ou "receita" de oração, é convite a uma relação filial carinhosa, confiante e fiel a Deus. Deve brotar da experiência de ternura reservada ao pai mais querido: o "que está no céu", o abbá (o paizinho). O Pai-nosso se desdobra em um colóquio expressivo que, individual e/ou comunitariamente, *ousa* aproximar-nos do que Deus é no íntimo. É santo! E só Ele o é. Sua santidade infinita cobre o mundo, dá sentido à vida, livra-nos do mal e do pecado. Então, ser santificado por seu nome (pessoa) é estar em comunhão de vida com Ele. Isso nos põe a serviço de sua absoluta soberania em palavras e obras (Venha a nós o Reino). A messe, a seara de seu Reino abrange o tempo, o mundo, a história, até que no fim a volta de Cristo (o Ungido) restaure tudo para sua glória (Ef 1,9-10). Nossa tarefa na vida é concretizar projetos, valores, convivência humana etc., conforme a vontade amorosa e misericordiosa do Pai (seja feita a vossa vontade!). Nessas três petições iniciais já está implícita nossa adesão, o "amém", o "assim seja!".

Explicitamos ainda nos artigos anteriores as petições, sendo as três primeiras teologais, isto é, mergulham-nos no mistério divino. E as quatro subsequentes apresentam nossas expectativas e cuidados que reclamam a Graça misericordiosa do Senhor. Filialmente, expomos ao Pai querido as preocupações com a "sustentabilidade" material e espiritual (o pão de cada dia); o equilíbrio psicológico e emocional (perdão mútuo); a defesa contra os impulsos do pecado (tentações); a libertação dos ídolos ou deuses falsos, que nos seduzem, constantemente, com as ilusões do ter, do poder e do prazer e vão semeando em nossa jornada um rastro de maldades (livrai-nos do mal).

Dizer AMÉM, fechando a invocação inicial (Pai que está no céu) e as sete petições, não é questão de mero desejo, fórmula ritual ou concordância sem maior compromisso com o que se reza. *Amém* é assinatura oral e mental de engajamento eficaz e de responsabilidade no programa de vida de Jesus. Ele nos fala de um Deus fiel às promessas da Aliança. A aliança rompida por nosso pecado foi refeita e plenificada na morte e ressurreição do Filho amado (1Cor 1,20). O crucificado, solidário com todos os redimidos, refaz nosso AMÉM ao projeto do Pai. O Apocalipse (livro da Revelação divina) termina assim: Jesus declara-se o "Amém", a testemunha fiel e verdadeira dessa revelação.

Por isso a Igreja, simbolizada na "mulher vestida de sol" (Ap 12,1), suspira: "Vem, Senhor Jesus. Amém!".

Referências Bibliográficas

Boff, Leonardo. *O Pai-Nosso*: a oração da libertação integral. Petrópolis: Editora Vozes Ltda., 1982.

Catecismo da Igreja Católica. Petrópolis: Vozes; São Paulo: Paulinas, Loyola, Ave-Maria, 1993.

Grün, Anselm. *O Pai-Nosso*: Guia na fé e na vida. Aparecida, SP: Editora Santuário, 2011.

Häring, Bernhard. *Comentário ao Pai-nosso*. Aparecida, SP: Editora Santuário, 1998.

Kearns, Pe. Lourenço. *Oração cristã*: Caminho para a intimidade com Deus. Aparecida, SP: Editora Santuário, 2008.

Maggi, Alberto. *Padre dei poveri e Il Padre Nostro*. Assisi: Cittadella Editrice. v.2, 1996.

Papa Francisco. *O nome de Deus é Misericórdia*. São Paulo: Planeta do Brasil, 2016.

Papa Francisco. *Misericordiae Vultus:* O Rosto da Misericórdia. Bula de Proclamação do Jubileu Extraordinário da Misericórdia. São Paulo: Paulinas, 2015.

_____. Discurso do Santo Padre. In: *Visita apostólica ao Brasil por ocasião da XXVIII jornada mundial da juventude.* Sábado, 27 de julho de 2013.

A marca FSC® é a garantia de que a madeira utilizada na fabricação do papel deste livro provém de florestas que foram gerenciadas de maneira ambientalmente correta, socialmente justa e economicamente viável.

Este livro foi composto com as famílias tipográficas Calibri e Berkshire Swash e impresso em papel Offset 90g/m² pela **Gráfica Santuário.**